2018~2019 年度
中国城市健康发展评价

社会科学文献出版社
SOCIAL SCIENCES ACADEMIC PRESS（CHINA）

附表2　2018年中国超大城市健康发展评价

	健康发展指数	排名	健康经济	健康文化	健康社会	健康环境	健康管理
深圳市	64.85	1	59.22	50.35	68.91	81.07	44.16
北京市	61.86	2	57.05	58.27	72.85	66.26	49.38
上海市	59.85	3	58.80	46.17	61.89	69.91	56.76
广州市	57.50	4	43.12	42.52	65.46	76.52	54.01
武汉市	51.64	5	43.90	30.76	59.80	65.07	50.98
天津市	45.36	6	37.33	21.45	54.84	60.02	43.58
重庆市	45.06	7	30.51	28.09	46.58	66.95	58.59

附表3　2018年中国特大城市健康发展评价

	健康发展指数	排名	健康经济	健康文化	健康社会	健康环境	健康管理
南京市	57.30	1	45.52	53.04	63.13	65.90	58.48
杭州市	56.92	2	48.19	42.34	68.93	66.83	44.77
东莞市	53.00	3	39.34	24.38	60.87	78.77	54.89
沈阳市	51.28	4	35.45	34.44	57.12	65.44	70.30
郑州市	48.76	5	35.77	24.72	61.42	60.10	56.63
成都市	47.84	6	32.12	27.86	54.65	63.46	65.43

附表4　2018年中国大城市健康发展评价

	健康发展指数	排名	健康经济	健康文化	健康社会	健康环境	健康管理
珠海市	58.33	1	41.29	42.72	68.16	78.26	55.03
宁波市	57.23	2	47.62	55.32	64.52	69.61	37.55
苏州市	56.59	3	47.03	47.03	66.99	66.61	43.58
厦门市	56.00	4	41.65	24.36	64.86	79.81	65.09
佛山市	55.82	5	48.54	39.31	62.26	68.04	55.01
无锡市	55.81	6	43.82	38.55	65.75	66.61	60.33

续表

	健康发展指数	排名	健康经济	健康文化	健康社会	健康环境	健康管理
昆明市	55.35	7	34.95	39.54	63.51	75.35	65.57
长沙市	55.11	8	43.92	40.76	68.66	57.19	59.82
泉州市	54.74	9	34.00	25.49	70.58	76.50	59.44
温州市	53.56	10	36.80	25.43	67.50	73.78	55.41
常州市	53.22	11	44.78	34.39	61.28	66.75	51.31
台州市	52.84	12	38.88	24.94	63.01	78.15	48.51
青岛市	52.76	13	43.14	25.26	59.99	73.82	54.22
呼和浩特市	52.72	14	33.86	34.77	61.29	62.13	82.31
福州市	52.34	15	36.82	28.04	61.27	74.70	56.04
南通市	52.24	16	37.49	32.97	61.12	67.20	61.41
株洲市	51.88	17	33.19	28.62	63.83	69.08	63.27
大连市	51.80	18	41.21	32.88	54.09	73.08	57.21
合肥市	50.22	19	33.56	38.35	62.17	63.48	47.34
潍坊市	50.12	20	35.93	27.08	57.84	64.03	69.14
南宁市	50.11	21	28.01	38.12	54.11	72.42	66.71
扬州市	50.02	22	36.45	34.43	56.18	62.49	63.97
惠州市	49.58	23	31.39	19.14	59.03	77.65	56.19
南昌市	49.56	24	32.34	22.51	56.21	73.31	65.73
济南市	49.54	25	42.05	28.12	62.98	58.77	41.61
烟台市	49.48	26	35.09	16.96	56.97	71.77	67.17
乌鲁木齐市	48.68	27	34.52	25.37	60.42	65.17	50.86
西安市	47.98	28	33.75	34.02	53.31	57.69	69.12
兰州市	47.79	29	29.84	27.29	61.89	62.69	51.33
淄博市	47.79	30	38.20	22.46	55.23	61.91	59.18
大庆市	47.29	31	42.89	31.87	41.70	58.90	74.95

续表

	健康发展指数	排名	健康经济	健康文化	健康社会	健康环境	健康管理
银川市	47.25	32	31.64	43.94	54.49	58.35	47.33
长春市	47.23	33	32.10	26.70	52.11	66.76	62.16
石家庄市	47.20	34	34.15	19.21	55.72	57.23	76.20
太原市	47.18	35	33.51	37.07	46.33	51.30	90.79
衡阳市	46.94	36	28.32	28.95	57.33	64.39	54.37
哈尔滨市	46.83	37	28.77	37.18	51.42	62.85	60.63
贵阳市	46.80	38	29.20	30.40	47.92	68.70	68.24
芜湖市	46.74	39	30.92	26.58	60.87	64.07	39.45
徐州市	46.38	40	31.67	20.44	55.95	60.03	66.09
海口市	46.21	41	26.39	18.39	57.82	74.84	45.46
西宁市	46.09	42	27.79	21.03	54.26	63.33	70.42
洛阳市	46.03	43	35.15	23.75	53.11	60.04	57.38
唐山市	46.03	44	37.24	21.46	50.13	59.62	65.32
柳州市	45.97	45	26.99	21.20	54.68	63.65	69.07
包头市	45.54	46	32.80	30.23	52.90	63.30	42.79
南阳市	45.42	47	24.57	19.80	60.66	60.48	60.09
临沂市	44.23	48	32.13	15.54	49.06	61.66	68.12
保定市	43.51	49	30.92	19.98	51.10	50.11	74.34
济宁市	42.96	50	33.02	22.04	55.61	61.00	65.16
泸州市	42.50	51	25.03	12.49	51.87	64.70	58.69
淮安市	42.03	52	31.46	39.19	34.70	62.47	53.79
鞍山市	41.98	53	31.63	24.39	47.92	54.94	50.52
汕头市	41.97	54	22.07	14.57	48.82	75.86	44.52
邯郸市	41.76	55	28.40	18.52	45.74	60.66	60.32
江门市	41.26	56	25.20	17.52	55.43	71.23	14.54

续表

	健康发展指数	排名	健康经济	健康文化	健康社会	健康环境	健康管理
抚顺市	40.74	57	31.00	12.32	46.29	56.01	60.54
吉林市	40.62	58	27.85	21.85	48.86	49.16	58.89
大同市	40.26	59	27.05	18.91	45.75	57.85	53.66
南充市	40.00	60	22.80	6.67	47.48	66.58	57.42
淮南市	39.55	61	24.06	16.86	50.00	60.46	39.11
齐齐哈尔市	39.38	62	24.33	20.31	43.87	57.70	55.44
自贡市	37.97	63	24.77	10.38	46.37	52.18	58.70

附表5　2018年中国中等城市健康发展评价

	健康发展指数	排名	健康经济	健康文化	健康社会	健康环境	健康管理
绍兴市	54.57	1	42.22	37.17	62.11	71.07	55.94
东营市	53.75	2	43.48	32.99	56.59	71.64	66.24
鄂尔多斯市	53.31	3	41.78	29.22	59.44	77.04	52.40
镇江市	52.55	4	39.70	34.51	60.48	65.22	62.64
湖州市	51.96	5	36.43	43.11	58.00	68.31	53.20
威海市	51.89	6	35.19	19.82	58.81	79.18	66.39
中山市	50.90	7	36.93	25.52	61.49	70.67	52.57
湘潭市	50.50	8	34.21	30.90	60.34	66.66	58.74
咸阳市	50.49	9	31.35	28.09	62.65	65.28	65.88
沧州市	50.46	10	37.38	24.60	63.06	61.06	62.99
金华市	50.42	11	38.34	23.81	63.04	69.76	44.00
嘉兴市	50.19	12	38.49	30.27	57.72	67.45	52.21
泰州市	49.67	13	37.75	28.48	58.27	63.75	57.31
郴州市	49.39	14	27.37	16.75	58.05	73.85	78.55
连云港市	49.10	15	28.81	37.38	55.60	70.19	55.70

	健康发展指数	排名	健康经济	健康文化	健康社会	健康环境	健康管理
廊坊市	48.56	16	36.48	23.34	58.16	62.97	58.99
岳阳市	48.54	17	33.63	32.53	52.38	69.97	55.43
常德市	48.18	18	33.04	24.05	54.77	68.45	61.89
玉林市	48.02	19	22.88	26.68	58.86	73.42	59.61
秦皇岛市	47.61	20	32.39	25.35	54.28	66.94	60.35
马鞍山市	47.26	21	32.26	29.60	54.47	66.16	51.77
桂林市	47.10	22	24.52	30.26	55.60	69.64	58.25
宜昌市	47.02	23	30.70	20.51	61.50	57.92	62.34
九江市	46.98	24	33.19	27.35	52.30	64.96	58.92
盘锦市	46.90	25	37.30	25.12	50.79	67.90	49.91
盐城市	46.75	26	32.75	19.96	54.41	68.01	56.41
肇庆市	46.32	27	21.98	35.23	48.61	71.13	67.35
韶关市	46.16	28	25.40	23.81	53.56	70.37	60.96
新乡市	46.05	29	29.10	19.79	55.59	62.08	67.17
滨州市	46.00	30	29.26	20.68	56.83	61.66	62.05
泰安市	46.00	31	31.08	24.66	49.49	67.25	62.32
邵阳市	45.90	32	23.51	42.84	51.13	63.85	54.87
黄石市	45.83	33	28.57	26.87	49.93	65.94	64.94
安顺市	45.66	34	24.24	29.28	49.14	73.48	57.64
承德市	45.57	35	28.69	30.22	51.71	63.32	56.89
绵阳市	45.36	36	26.49	26.29	51.27	67.52	59.08
乌海市	45.15	37	26.58	28.52	51.45	64.96	57.98
日照市	44.91	38	31.07	14.41	51.33	65.89	64.03
辽源市	44.81	39	27.24	23.34	47.39	70.43	61.97
湛江市	44.69	40	25.66	22.57	52.25	70.11	51.91

续表

	健康发展指数	排名	健康经济	健康文化	健康社会	健康环境	健康管理
营口市	44.66	41	36.73	21.35	49.14	58.63	58.02
德阳市	44.62	42	30.10	27.39	51.68	58.36	58.07
遵义市	44.51	43	26.86	21.46	48.71	66.04	67.51
益阳市	44.44	44	29.28	16.00	51.70	68.79	54.48
辽阳市	44.40	45	35.09	24.76	49.21	59.58	52.34
安阳市	44.39	46	29.30	25.20	55.45	54.19	58.11
宿迁市	44.27	47	25.29	35.92	49.78	61.71	52.87
漯河市	44.26	48	28.81	14.13	55.38	59.72	63.81
本溪市	44.26	49	27.02	17.32	46.93	76.13	56.04
平顶山市	44.18	50	27.62	16.64	55.11	62.37	57.72
安庆市	43.74	51	24.78	20.10	53.92	67.93	47.69
枣庄市	43.68	52	27.39	15.96	50.85	64.07	63.68
十堰市	43.62	53	26.55	20.97	42.50	66.77	77.35
开封市	43.59	54	29.15	20.59	52.55	57.51	59.51
邢台市	43.58	55	28.49	21.67	53.62	57.29	56.61
宝鸡市	43.57	56	29.89	22.09	51.80	59.96	52.50
永州市	43.52	57	24.74	16.00	51.63	65.85	62.77
焦作市	43.24	58	27.49	20.67	53.62	55.29	61.20
锦州市	43.18	59	28.33	26.22	48.18	62.78	51.55
莆田市	43.05	60	29.32	14.54	45.16	71.03	57.90
菏泽市	42.92	61	28.96	18.35	47.17	63.13	61.45
佳木斯市	42.71	62	26.85	19.73	45.79	66.83	59.36
蚌埠市	42.55	63	25.74	20.29	48.34	63.85	57.99
攀枝花市	42.41	64	29.28	20.42	38.81	70.51	62.85
抚州市	42.33	65	28.43	13.16	40.35	72.12	67.21

续表

	健康发展指数	排名	健康经济	健康文化	健康社会	健康环境	健康管理
襄阳市	42.27	66	27.51	15.82	52.76	56.23	59.47
阜阳市	42.16	67	24.74	18.21	52.32	60.47	54.54
牡丹江市	42.15	68	21.87	32.71	51.23	53.24	57.60
淮北市	42.12	69	26.15	19.17	51.79	60.32	51.07
张家口市	42.06	70	28.64	17.04	47.34	63.08	55.25
朝阳市	42.04	71	31.26	20.53	42.88	63.54	55.73
赤峰市	41.80	72	22.41	23.97	44.66	63.93	64.14
宜春市	41.77	73	25.42	22.02	41.20	68.24	61.05
六安市	41.76	74	25.02	13.03	49.06	69.92	48.48
天水市	41.74	75	24.53	18.01	45.90	67.37	56.62
乐山市	41.61	76	25.12	9.55	49.07	70.50	50.81
丹东市	41.40	77	24.67	18.32	47.73	58.89	63.84
长治市	41.24	78	29.57	24.63	54.21	42.76	53.40
荆州市	41.22	79	25.99	19.86	55.98	45.33	58.84
曲靖市	41.13	80	31.08	27.97	37.06	58.64	63.24
内江市	41.06	81	23.82	12.14	45.89	64.79	65.60
聊城市	40.76	82	26.77	22.30	49.61	54.03	50.32
揭阳市	40.72	83	21.41	8.12	49.34	63.33	66.86
遂宁市	40.72	84	25.23	8.78	46.38	67.96	55.89
宜宾市	40.72	85	26.02	13.02	49.25	60.92	53.00
阜新市	40.36	86	21.28	14.91	45.45	70.82	50.06
德州市	39.90	87	27.05	12.26	38.56	61.31	74.68
鹤岗市	38.35	88	21.80	15.58	42.29	63.47	51.83
商丘市	38.05	89	25.81	10.89	39.68	62.08	56.49
四平市	37.87	90	24.29	18.07	48.89	47.36	49.48

续表

	健康发展指数	排名	健康经济	健康文化	健康社会	健康环境	健康管理
阳泉市	37.68	91	27.14	18.42	47.02	41.11	58.01
伊春市	36.51	92	21.54	19.62	37.61	58.93	51.09
鸡西市	34.06	93	21.21	2.48	41.28	53.47	53.09
达州市	33.29	94	20.26	11.25	26.82	61.20	62.51

附表6 2018年中国小城市健康发展评价

	健康发展指数	排名	健康经济	健康文化	健康社会	健康环境	健康管理
丽水市	51.53	1	36.49	23.25	63.03	73.69	52.73
克拉玛依市	51.38	2	39.97	40.61	54.81	77.56	33.41
三明市	50.76	3	29.77	41.44	55.18	77.01	51.42
舟山市	50.65	4	38.53	28.31	56.85	77.97	41.21
玉溪市	50.40	5	34.28	38.60	50.88	67.08	73.56
龙岩市	50.32	6	31.29	25.27	58.05	76.12	60.69
漳州市	49.81	7	29.05	15.81	62.14	75.03	65.23
黄山市	49.54	8	26.75	45.38	51.71	87.27	30.84
铜陵市	49.12	9	30.38	40.77	51.45	69.74	60.27
衢州市	48.02	10	34.06	28.71	55.89	70.39	43.53
嘉峪关市	47.50	11	26.66	33.67	54.26	70.22	54.65
防城港市	47.50	12	42.14	20.17	55.82	62.71	46.50
鹰潭市	47.21	13	30.26	23.49	53.78	70.61	58.67
三亚市	47.15	14	27.27	19.09	56.62	76.47	51.87
吉安市	46.80	15	27.05	29.24	53.16	67.26	62.53
新余市	46.79	16	30.56	20.23	50.27	73.03	64.32
北海市	46.65	17	26.47	8.51	55.98	76.20	67.25
娄底市	45.98	18	26.25	24.04	50.17	71.33	65.01

	健康发展指数	排名	健康经济	健康文化	健康社会	健康环境	健康管理
鹤壁市	45.85	19	28.76	22.96	54.41	63.83	61.31
咸宁市	45.83	20	27.71	24.34	53.15	69.51	54.07
晋城市	45.77	21	31.85	35.04	56.81	54.78	45.56
河源市	45.61	22	20.52	20.98	55.46	73.99	58.92
丽江市	45.57	23	24.86	33.75	46.43	70.83	61.97
景德镇市	45.55	24	24.81	30.31	45.39	77.22	57.37
怀化市	45.43	25	24.85	21.61	45.60	73.50	75.96
松原市	45.35	26	33.95	15.41	47.83	70.78	60.44
莱芜市	45.27	27	33.72	15.73	51.86	64.45	60.33
萍乡市	45.19	28	26.48	38.30	50.00	60.38	57.48
许昌市	45.12	29	26.74	19.69	54.37	63.19	65.28
荆门市	45.07	30	28.05	28.16	52.70	61.31	57.59
宁德市	45.02	31	27.22	12.99	54.32	69.71	60.27
宣城市	44.91	32	32.32	20.20	47.92	69.64	54.99
滁州市	44.83	33	26.86	25.33	53.05	64.85	54.32
通辽市	44.72	34	29.43	21.72	46.38	67.35	67.23
金昌市	44.64	35	28.76	36.11	44.43	62.65	61.75
钦州市	44.54	36	31.89	17.22	45.38	72.25	59.21
中卫市	44.51	37	28.88	21.45	54.32	64.94	47.89
随州市	44.50	38	24.63	22.21	47.53	67.75	72.04
三门峡市	44.41	39	33.42	20.26	54.77	54.11	57.64
吴忠市	44.12	40	27.49	21.74	54.27	65.36	46.29
呼伦贝尔市	44.08	41	23.60	21.65	49.39	67.65	65.81
南平市	44.02	42	26.79	16.71	50.38	73.85	49.35
梧州市	43.98	43	23.77	20.50	51.98	65.77	62.10

续表

	健康发展指数	排名	健康经济	健康文化	健康社会	健康环境	健康管理
张家界市	43.93	44	28.24	24.46	49.01	70.86	43.26
黄冈市	43.78	45	20.93	32.38	50.59	57.97	69.14
上饶市	43.78	46	29.62	23.42	49.58	56.82	66.18
广安市	43.23	47	26.38	11.06	48.42	69.70	65.10
梅州市	43.20	48	21.31	14.96	53.04	78.62	39.94
茂名市	43.20	49	25.24	9.64	50.31	70.44	62.62
阳江市	43.18	50	25.16	13.05	53.87	70.12	47.42
安康市	43.15	51	23.75	14.08	51.34	67.41	62.20
鄂州市	43.10	52	25.88	14.39	51.75	63.11	63.22
衡水市	43.03	53	30.36	18.98	49.97	58.10	59.79
酒泉市	42.96	54	25.45	35.58	42.79	62.64	58.98
眉山市	42.96	55	26.10	14.88	48.59	64.12	67.97
赣州市	42.95	56	26.26	20.14	44.29	71.72	57.28
百色市	42.91	57	26.69	13.45	55.14	59.25	58.24
雅安市	42.82	58	25.09	12.52	51.46	65.60	61.15
晋中市	42.70	59	28.10	19.03	51.89	57.32	57.91
河池市	42.66	60	34.94	19.55	46.64	58.00	53.97
贺州市	42.41	61	21.70	12.49	52.30	69.72	54.81
池州市	42.33	62	26.54	22.69	46.67	66.08	50.77
六盘水市	42.30	63	25.45	25.77	36.34	66.02	79.63
临汾市	42.27	64	28.67	28.51	51.24	46.06	62.39
铜川市	42.25	65	22.93	26.52	51.67	61.49	47.37
石嘴山市	42.10	66	24.97	30.77	46.41	61.42	50.41
驻马店市	42.07	67	27.64	12.17	49.50	62.74	59.35
临沧市	41.68	68	20.35	27.58	40.41	73.08	57.16

续表

	健康发展指数	排名	健康经济	健康文化	健康社会	健康环境	健康管理
延安市	41.55	69	39.49	19.25	33.06	63.21	62.32
广元市	41.51	70	21.20	7.69	49.19	74.55	53.93
普洱市	41.50	71	18.62	30.42	44.88	64.99	58.22
贵港市	41.33	72	21.38	13.28	53.73	60.78	57.20
固原市	41.33	73	24.50	28.12	43.52	64.15	51.02
资阳市	41.27	74	26.61	12.92	47.08	62.61	60.32
濮阳市	41.26	75	26.54	19.11	45.67	59.60	61.39
双鸭山市	41.10	76	22.70	25.15	43.60	66.84	52.01
武威市	41.07	77	23.55	19.23	48.65	63.03	51.00
渭南市	41.05	78	23.79	9.16	52.96	57.04	64.35
白银市	40.99	79	23.41	22.25	41.91	66.90	58.50
毕节市	40.87	80	25.13	23.05	40.94	62.37	63.77
葫芦岛市	40.77	81	29.87	18.33	37.15	62.37	69.30
来宾市	40.63	82	24.59	5.27	48.76	67.10	56.48
巴彦淖尔市	40.63	83	25.67	18.53	38.50	67.87	63.04
信阳市	40.59	84	22.06	8.50	51.38	61.61	60.69
汉中市	40.50	85	26.27	14.48	47.20	56.46	63.12
黑河市	40.50	86	24.66	17.20	42.80	69.93	49.28
云浮市	40.42	87	19.59	16.18	47.54	68.43	51.47
海东市	40.31	88	26.76	22.37	43.42	61.91	48.53
潮州市	40.25	89	21.96	10.33	47.27	65.74	58.80
铜仁市	40.03	90	24.52	28.91	35.76	64.90	58.61
七台河市	39.98	91	25.29	11.95	41.29	70.06	54.70
张掖市	39.93	92	21.70	19.94	40.53	70.30	53.01
亳州市	39.91	93	26.20	11.72	49.77	59.16	48.37

续表

	健康发展指数	排名	健康经济	健康文化	健康社会	健康环境	健康管理
清远市	39.88	94	21.43	13.00	48.83	63.65	51.91
榆林市	39.84	95	16.64	19.25	54.63	57.57	48.87
宿州市	39.83	96	28.23	12.74	45.54	59.12	53.74
保山市	39.77	97	25.85	23.28	33.78	71.96	52.87
绥化市	39.74	98	23.91	10.85	42.59	68.58	56.37
汕尾市	39.20	99	16.88	7.39	49.82	70.25	48.73
乌兰察布市	38.87	100	18.60	23.27	36.41	68.77	60.47
白城市	38.75	101	27.24	18.58	45.56	52.37	50.18
周口市	38.75	102	23.19	12.71	43.62	61.27	57.09
崇左市	38.28	103	21.82	10.66	49.72	54.33	54.46
忻州市	38.27	104	27.60	29.87	31.96	57.50	57.94
巴中市	37.97	105	18.24	14.75	42.13	65.77	54.01
孝感市	37.48	106	25.30	18.85	34.54	63.55	52.54
庆阳市	37.06	107	24.59	14.62	36.08	58.64	61.66
商洛市	36.88	108	25.23	23.88	28.58	63.04	58.13
通化市	36.74	109	22.28	14.40	34.34	68.40	50.28
朔州市	36.71	110	31.05	20.33	28.15	57.60	59.32
吕梁市	36.45	111	30.52	22.77	32.88	51.97	51.53
白山市	36.43	112	23.67	9.61	42.44	53.98	55.47
铁岭市	34.71	113	25.21	14.36	26.02	58.75	66.97
平凉市	34.36	114	24.15	22.09	27.25	56.77	54.77
定西市	33.83	115	20.66	15.44	28.68	61.17	55.12
昭通市	33.47	116	22.49	19.28	25.73	56.30	59.75
运城市	31.76	117	26.33	16.67	26.37	47.55	52.58
陇南市	27.38	118	22.44	18.53	13.91	45.20	57.75